Seré...

Manuscrito de Poesía original

de

Samira Shukri Escheik

Primera edición por Jan Foister
Segunda edición por Samira S.
corregido por Prof. Bolín Rámos

Portada: Phillipe Robertson
Jim Collin

Gráfica: David Omar Name
Yadira Abdulrashman
Boanerge Jiménez
Carissa Morse

Patentizado por la Libreria del Congreso
Washington, D.C. 2055-6000

Table of Contents

Dedicado a Jázmin

Penetraré tu mundo

si es posible,
pués sé que el mío te ha puesto
incomprensibles murallas.
Siempre estará mi vida
presta a defender con aras
tu estandarte,
por si alguien
se burla de tus sueños.

Para mi hermana Jazmín

Seré la sombra etérea
que te cuide
seré solo instrumento
de tu vida;
caminaré 'trás tus huellas
sin destino,
conforme de caricias
sin respuestas.

Olvidaré el rechazo de tus brazos,
perdonaré tu cruel indiferencia
acompañaré tus lagrimas vacías;
o quizás demasiados sentidas,
en éste tu camino de agonías
seré tu Sancho Panza,
trasnochada Perdida
en tus delirios.

Penetraré tu mundo
si es posible,
pués sé que el mío te ha puesto
incomprensibles murallas.
Siempre estará mi vida
presta a defender con aras
tu estandarte,
por si alguien
se burla de tus sueños.

Si algún día,
cansada de cuidarte

el frío de tu noche
me tortura,
haré un morral de sueños,
me internaré en mi alma
solitaria;
y encenderé un fuego
que me anime
para volver a tí
ausente de reproches…

Siempre mi fé quebrantada
esperará un milagro,
en mi eterna plegaria descansaré.
Me encontrará sentada
en tus fronteras
con el zayal de amor
siempre repleto,
por si pisaras
consciente el sentimiento

Seré sin ser,
con un nombre perdido
que recobra en
tu horizonte
su sentido,
me tornaré en Estrella;
y aveces gaviota
contra marea, viento,
y contra el tiempo…

El Angel de Dios

Nunca olvidaré la ilusión que causaba en mí, el vientre creciente de mi madre, cuando Jazmín se preparaba a nacer. Por las noches mis hermanos y yo nos sentabamos en torno a mi madre y queríamos escuchar los latidos, patadas y todo signo de vida que pudiera mostrarnos aquel ser que formaría parte de nuestras vidas. Llegó el momento soñado, mi madre partió al hopital en un taxi con sólo una pequeña maleta por equipaje y la promesa de regresar con un pequeño regalito. Desdichadamente no todo salió bien; yo sentada en un rincón escuchaba hablar a mis abuelos con preocupación de palabra extrañas como "forceps",cesárea, oxígeno; palabras nombrando instrumentos que los médicos usaban para traer al mundo a mi hermana. Una sombra de inquietud invadió mis pensamientos ¿Será siempre igual con todos los niños? Mi padre, quién se encontraba fuera del país, llamaba constantemente para preocuparme, aún mucho más…Pero dos semanas después mamá regresó del hospital con una bebé, están vivas!,están bién! Ya no me inquietaré más…

Jazmín era una bebé preciosa, yo nunca hubiera sido tan bella, su piel era blanca y suave como petalos de rosa; tenía abundante cabellera rubia rojiza. Cuando abría sus grandes ojos parecía que uno se sumergiera en una bóveda celestial bordeada por las abundantes pestañas negras-pero esa mirada estaba vacía…

"Mamá, ella es un ángel que vino equivocadamente a la tierra en forma de bebé" decía mi hermano postrado en adoración. Si ella era diferente, poco a poco lo fuí comprendiendo…Sentada en el piso de su habitación, la mirab a a través de la luz difusa de una lamparita para disipar las tinieblas de la noche no cubrieran completamente aquél angelito de Dios.

"¿Porqué no lloras bebé? …si, no llora…no sabe llorar…y porqué duerme con la cabeza en alto en vez de descansarla…y entonces lloré profundamente con un dolor que se quedó incrustrado en mi alma durante mi infancia…Mamá no nos permitía acercarnos a besarla"Es débil, no resiste mucho las enfermedades, si de verdad la quieren alejense de ella" !Que extraño amor! amor lejano; amor a traves de los barrotes de la cuna que ya se me antojaba una cárcel odiosa.   A veces cuando mamá ocupada en los quehaceres del hogar, se alejaba del cuarto yo me lavaba las manos y la boca con mucho jabón y la besaba con suavidad !Qué placer extraño Poder demostrarle mi amor…pero me preguntaba si ella pudiera sentirlo? Allí encerrada en su cuna, con su cabecita en alto , con sus ojos cerrados y envuelta en frisas para provocarle tibieza a su frío cuerpecito…

El día de su bautizo fué triste,estaba deshauciada.   Sufría complicaciones pulmonares, soplo en el corazón y complicaciones renales "no vivirá más de una semana" sentenció el doctor.   Una tibia mañana de verano aquél angelito de Dios recibió la Vida Eterna con el Bautismo y tuvo su nombre Jazmín-que mejor nombre que el de una flor blanca y pequeña hasta el punto de ser insignificante pero con una fragancia que perdura en la lejanía.   Así era ella, una vida pequeñita perdiendose entre encajes, pero que significaba mucho para quienes la rodean… Jazmín superó la crisis, ese pequeño cuerpecito aguantó eso y mucho más, poco a poco fué superando todas sus debilidades pero su vida era una ausencia total, nunca miraba fijamente a los ojos de nadie.   No Pronunciaba palabras sino sonidos guturales con su garganta, sonidos extraños,que según mi fantasía provienen de sueños diferentes, inaccesibles para los demás. Llegó mi adolecencia y con ella cambios insospechados el mismo mundo pero a través de un cristal diferente .   Se abrían las puertas a emociones extrañas que querían ser aclaradas,sentimientos de soledad, arrebatos de llanto y necesidad de mucha atención…El angel despertó de su letargo, era más fuerte, caminaba por la casa agarrando cada objeto en su camino, rastreando un sueño en cada cosa, todavía no hablaba, pero sus sonidos eran más fuertes. Pronto su débil sonrisa se convirtió en una gran carcajada.

Sin embargo me empece a sentir aislada, me hastiaba escuchar las mismas palabras de los labios de mi madre, cuando me tocaba cuidarla: "Cambiale los pañales", "Dale una vuelta","vigila que este bién colocada". Que dificil era en esa etapa de mi vida entender que ella necesitaba todo nuestro cariño y nuestra atención continua! Llegue a observarla con desprecio. La culpé de mi martirio y le dí la espalda ..

Una tarde sentada en el balcón de la casa,cumpliendo con los debéres de mi turno de de cuidar la florecita que ahora me parecía odiosa y egoista,ví la emoción de Jazmín ante una jerga de niños riendo que caminaban por la calle. Ella los llamaba con sus bracitos extendidos al vacío y lanzó un grito que parecía desgarrar sus entrañas, los niños asustados se fueron corriendo; y allí estaba mi angelito mirando tristemente su realidad. La abracé y besé sus mejillas, de la misma forma que solía hacerlo cuando ella dormía en su cunita escondida entre las sombras, "Que triste es ser un angelito de Dios,cuando los demás no saben comprender"…

Jazmín nunca fué como los demás, no sabía besar, no sabíae dar gracias, ni jugar con muñeca, tampoco sabía decir te quiero…

Ella vivió sumergida en un mundo de misteriosas dimensiones, donde no todos podían penetrar Pero en el fondo de mi alma se que allí dentro de sus sueños estabamos todos los que la quisimos; y ya no me siento triste sino afortunada de haber tenido un poco de accesibilidad al mundo de este angelito de Dios que equivocadamente vino a parar en la tierra.

TE QUIERO . . .
A MI MADRE

Así demasiado callada para la vida,
combatiendo sin lanzas
con los sueños de ida y venida;
y rompiendo justicia en las balanzas ,
Olvidar mi condena;
y mojarte en mi pena
balanceando mis pasos
encaminar mis andanzas...

Te quiero . . .
Solitaria, olvidada
sin que nadie se acuerde
de tu mirada
en el profundo desierto
de tus lagrimas,
abandonada criatura soñada
perdida y encontrada,

un poquito el amor
del Buen Pastor
Un torrente de miel
que emana desde el vientre
eres sol que nunca naufraga
en las marejadas;
realidad que he trochado
en fantasia, eres astro;
que en las noches me guía,
y lucero que resucita el alba . . .

A MI PADRE

Sin lagrimas ni palabras
te dije te quiero
era un día muy triste
sellado en mi recuerdo,
te fuistes de mi vida
como un soplo de viento
sin lagrimas, sin palabras,
sin despedidas…

Me pregunto si el tiempo
borrará tu partida
o el recuerdo de tu
melancolía,
por aquellos los"sagrados
suicidas"
que esparcen anarquía
en tus tierras,donde la sangre
ha sido una profecía…

la afrenta del desterrado
Doblegó tu orgullo;
Y tu espíritu exilado
Se consoló en la aventura
de otros modo y otros lados,
donde danza el nativo
al ritmo del arpa…

hoy tu cuerpo esta vencido
Pero nunca tu ideal.
Como olvidar tus sueños
¿Y las palabras no dichas?
¿Y olvidar el silencio
que tanto nos unía?

Si pudieras fundirte
en tu "Tierra Santa"
Para verte
renacer cada día,
Si pudiera tus sueños
florecer
En pétalos de alegría

Sin lagrimas ni palabras
te fuistes de mi vida;
pero un día entendere
que tu partida
es un retorno espiritual
a tu Ramalla querida
flanqueada por la paz…

Soy Yo...
"Yo soy la luz del mundo…"

Sin promesas…
cansado y olvidado,
Soy Yo
inconciente vejado,

Soy Yo,
resurreción esperada
camino perdido y encontrado,
silencio,llanto y alegría

vulgar borracho
de la esquina
prostituta que calle abajo camina

marinero de imposibles sueños
que contra el naufragio del mundo
lucha con empeño.

Soy Yo ,
quien enciende una luz
Quien te regala una estrella
Sobre el cielo contaminado

La fuerza que mueve la vida
Tus pasos tus huellas,
El sueño de paz,
La tierna caricia

El canto de arrullo
que despierta al niño;
Y duerme al hombre
Con sus controversias.

Soy yo
La pagina que
flota al viento
Con versos de amor

Soy yo
la voz que proclama justicia
La sangre del mártir
en el Salvador

Soy Yo,
eterno perdón,
la fé del hambriento;
el gran manantial.

Soy yo
tirado en la acera,
Quijote de sueños errados
De cuerpo llagado,
En un cuartito despreciado

En el horizonte,
Un sol que se muere
Y cada mañana emerge…
Sin figuras,
sin sombra ni imagen

Soy Nada…
Soy Yo,
la vida en tu vida plasmada
Soy Todo…

¿Donde estas Sombra Perdida?
Para Luis

Sombra que naces en mis
sueños,
cada día
y en la penumbra de la noche
me impones soledad,
tengo frío y hastío
de esperar tu compañía
mis lagrimas duermen
y la mentira se ha perdido
en la verdad.

¿Donde el mundo
ha escondido tu faz?
¿Donde el tiempo ha
atrapado tu esencia?
¿Donde el mar ha ahogado
tus hechizadores ojos?
¡Liberate del mundo,
el tiempo y el mar!
Arrópame en tus brazos,
cristal de realidad...

Sombra, te busco
y no te encuentro,
se ha perdido una estrella
en el fondo del mar.
Mi voz muere

en el ruido del silencio
cuando grito tu nombre
sin saber donde estas...

Mi alma ha estinguido
ilusiones
de flamante pasión
en mi cuerpo encendido,
el viento se ha llevado
palabras de reproche...
sólo permanece,
un suspiro
naúfrago
en mis sueños...

Sombra perdida si algún día,
-escapada de mi fantasía-
te hicieras real
cuando es demasiado tarde,
cuando tierra el destino
sobre mi cuerpo impusiera,
¡No sufras!
Derrama una lagrima
en mi cuerpo dormido,
pues mi alma despierta
siempre esperará...

MEMORIAS
A los que se fueron…

Detenido sin querer avanzar
por la vida
han vuelto a brotar
lagrimas amarillas,

en la tarde,
aunque el cuerpo está
cansado
el alma
se anima a divagar.

Ha forjado mil barreras
que congelan
los recuerdos
en las fronteras.

Con el crepúsculo
durmen las palomas
en su mirada
y aprisionadas en
remembranzas
regalan caricias

inventadas…

Cada día muere un cristo,
y en la acera se derrama
la sangre
pero todo pasa inadvertido
sumergido,
sólo sueña estar dormido
para nunca despertar…

Se revuelca hechizado
en la estraña melodía
del duende olvidado…
a fuerza de extrañar
dictamina,
"Nunca será igual"

y vuelve a visitar
el habitáculo de niebla azul
allí donde siempre están
los que se fueron…

UN SENTIMIENTO
Para los muertos del espiritu

Existencia sin motivo
vida a la deriva
trovador perdido
que en las noches sueña
y el mañana esquiva.
Flor sin aliento de vida
río que desconoce
a donde va...

¡levanta alma;
y aletea sentimientos!
que cada lagrima
alboree un pensamiento
luz transformada
en la pluma del poeta
marinero que navega
en desenfrenada goleta

¿A dónde tu existir
si no transitas?
¿Y en la gleba de dolor
con ímpetu gritas?
¿A dónde tu ser?
Si al morir tu cuerpo
matas el alma

que en tus ojos
brille quimérico hechizado
el reflejo perdido;
y de nuevo encontrado...

SI PUDIERA PERDONAR
El perdón es una terapia liberadora...

Una mirada azul
que recorre el horizonte,
buscando en las playas
una barcaza
Que llegue
hasta el muelle liberada!

Una mirada
entre rejas, perpetuada
ha detenido el tiempo
¡justo en el momento!
En el veneno que mata
sin matar el cuerpo

Cada día, se inmola
cual víctima sagrada
en altar de la vida
queriendo controlar,
se controla
sin llegar hasta el final...

Una mirada azul
¡dos luceros que cuelgan
demasiado brillantes!
Bajo su frente
de blanca soberbia
y muy dentro de su
consciencia
asegura que no hay sangre

de inocente...

Cruzando unos cielos sin
olvido
se niega la paloma a cerrar
sus heridas
clamando a la justiciar
ser vengada;
a la vuelta del bumerán
se vuelve a golpear,
y recoje el tormento
del Mediterráneo...

un alma cansada
donde no hay espacios
para culpables sin castigos
y fantase que contruye
barreras
para amedrantar a los caídos

¡A baja tu mirada
del pedestal!
encuentra un antídoto de
lagrimas
con un último aliento
¡Perdona!...

PRELUDIO
Para toda mujer

Y en la arena
leve huella
que con arcano sonido,
el mar sella,
mensajes del tiempo,
preludio de mujer
flor que se abre al amanecer

Pasó día tras día
páginas del calendario
con el tic-tac del reloj;
y en la silueta del agua,
un cisne extendió sus alas…

Entre el silencio de estrellas,
con las caricias del sol,
fue conociendo el binomio
amor-dolor,
dolor-amor.

Y en el mundo
fué caminando

y en las páginas del diario
un gemido clamó
por la justicia y la paz

En el trayecto,
el cisne quiso aprender a
volar.
En su rostro se surcaron
huellas,
como homenaje a un tiempo
ido
en su cuerpo flaxides
de sus músculos turgidos

Cerca del sueño.
flor marchita
toda su vida
compendio de una lección
"Cada día el cisne
en su vuelo, renace"
Y en las páginas del diario,
una voz cantando

PERDONAME
Para mi Divino Creador

Perdóname porque mis flores
se marchitan;
y en mi jardín
se ha secado el manantial
porque mi orgullo
es tan grande
que no me permite perdonar,
porque te niego a esta vida
que sin ti tirita...

Perdóname porque soy culpable
y en mi culpa
busco el perdón de una imagen,
una imagen que es cera ;
y derrite el calor de las velas
y se aplaca la consciencia
con un culto de palabras
que se queda dormido
en las puertas del templo.

Perdoname si uso tu nombre
de estandarte
al frente de falsos ideales,
porque habrá un niño llorando
a la puerta de mi vida
y un cuerpo llagado
olvidado en una esquina.
Perdóname por confundirte,
y atreverme a juzgarte
por medir tu bondad
limitada a la mía

DAMA SENTIMENTAL
Para La Madre de Dios

Siempre lloro con el ocaso;
ó con la muerte de alguna
flor,
quisiera ser ruiseñor
y con un canto
de fantasía Divina
alegrar al Creador
cada día . . .

Vestir el cénit
con rayitos de sol;
y en las noches oscuras
encender con los astros
la esperanza . . .

Acunarte en mis brazos
mi niña olvidada,
para que te recuerden
en la tierra del alba;
besar tus heridas
mi Cristo flagelado
para verte emerger
resucitado . . .

Borrar la agonía
de la guerra,
cambiando fusiles
por azadas
para que germine
en el sudor de la paz
un poco de pan . . .

Vestir tu cuerpo
que se muere de frío
con un manto
de amor perdido
y calzarte con tierra
de buen camino.

Ser la voz del desierto
de esta era,
ser la dama que cuida
con sus lágrimas
el sueño de un rey
enamorado . . .

Algunas veces...

Suelo caminar a oscuras
En este mi mundo de
soledades
Buscando un hilo de cordura
a nuestros sueños que
resbalan
Por pendientes de fracasos;
Y mis nobles ideales
Con el viento de la vida
se tambalean;
Y esas mis promesas
quedan incumplidas...

Cuantas veces
he llorado Dentro,
muy dentro de mí
Las tristezas
de los seres humanos;
Pero mi rostro
se niega a reflejar dolor;
Y sólo se plasman sonrisas
En la humedad
de lágrimas reprimidas

Algunas veces
suelo cantar
melodías positivas
Escondiendo
mis veredas de agonía
"Porque esta es miVida ;
y nadie tiene derecho a
entrar."

Cuantas veces
baje humillada la mirada
Y proclamé el reverso de no,
Y quise gritar
"Te espero";
Pero solo te dí la espalda
Y dije "adios"...

Algo más...

Con la silueta
inerte reflejada
en un cristal sin fondo
una máscara plasmada,
buscando algo más
en su mirada...

En la noche se cuela
un viento de tormenta,
las sabanas de seda
que acarician,
cubren su cuerpo
de perfectas contorsiones

mientras
en ese valle de soledades,
sus suspiros son
lagrimas ocultas...

algo más
Conjugando el verbo amor,
que esa mirada quiere ver
en sus sueños de mujer

Ha invocado en el tiempo
algo lejano
un camino perdido
en el pasado

algo más

Confundida
de besos nebulosos
que ilusionan
el hábito rosado
y convocan pasiones
atrevidas,

en el lecho de
sentirse avergonzada
cual sílfide desnuda
está esperando...

Algo más
que está vencido,
que se apaga
en las estrellas verdaderas;

y en el eco
del silencio reverbera...

un noche se despierta
demasiado dormida
Una huella
vacía que condena
A un tiempo
sin regreso...

Triumfo sobre El fracaso
Para Los Bohémios del Viejo San Juan

En un bar cercano
por doquier esquina
bajo una calle empinada
donde plasman su huella
los errantes,
se ahoga
en el piélago embriagante
la anatomía de un poéta...

Cada noche
lo arropa
la luz medieval
de un farol,
que no logra encender
su visión,
pasos tambaleantes
de un caminante...

De vez en cuando,
con el ánimo
de sentirse vivo,
busca el placer furtivo
en los brazos
de una mujer,
la que sueña virgen
de algún burdel

O si encuentra en el camino,

algún compañero
que viaja
hacia el mismo falaz destino,
columbran la médula
con el veneno que hiere
lasvenas;
y en la noche de los silencios
sellan un pacto bisunto con
sangre . . .

Pero,
cuando no hay dinero,
de ese con cara
del patriota extranjero,
se silencia su orgullo
apagado,
en el banco de alguna
plazoleta

plasmadas en plomo,
sobre algún papel
las palabras del Imperio
aborrecido
lo cobijan del eterno frío.

Congelando el tiempo
del día que alborea,
encerrado en un círculo

de fuego,
llamado desprecio
mientras muere el cuerpo,
su anhelo
ya está muerto.

,
se revuelca adolorido y
enfermo
con una hoguera
prendida en su cuerpo
"La plaga del siglo" lo
condena,
al claustro del anacoreta

entre sabanas blancas
encuentra por vez primera
la misericordia del buen
samaritano.
y manos sacrosantas

de tiernos cuidados,
se aferra a la vida
como un condenado…

Aprende en el llanto
la mejor poesía.
maldiciendo su apostacía
anhela en sus labios
el Calvario Consagrado;
antes de entregar su último
aliento,
vé en las cuentas del rosario
el rostro de su madre,
ya no duelen las palabras
del Imperio aborrecido . . .

NI MÁS NI MENOS

"Ser o no Ser"

Hay un niño en un cofín de oro llorando,
el cristal de murano
sobre el colchón de marmol derramado
y muchas manos que prometen
cuidado.
nunca falta el néctar sublime
en este cuento perlado;
pero sigue llorando guardado
enter adoquines dorados . . .

Lo persigue el delirio del creso,
el que una vez su estirpe consintió
y del Código Genético heredó,
en un cofín de oro está esperando a su
madre,
sueña cribar sus besos
cada día las lagrimas van bajando
como un habitual designio . . .

Más abajo, cubierto del mismo cielo
en la oquedad del silencio,
donde el recuerdo parece olvidado,
hay un niño en un camastro tirado
con las tripas vacías,
observa estático inerme,
figuras que un día
trazó su dedo,
gastado de tanto salivar

En un lugar muy remoto,
donde el tiempo pelea contra el tiempo,
en esta dura batalla sin principio ni final
camisa, corbata, gabán,y cierto aire
intelectual,
flanqueado de edificios camina un
profesional
trata de alcanzar un sueño
en el horizonte pintado;
y cuando ya le alcanza
busca el que delimita,

en su visión la oftalmía
llamada miopía.

En total reposo sentado
con la calma del Nirvana,
hay un poeta delirando
que no le importa el mañana,
con el licor embriagante de su poesía
anestecia el desagrado por la vida,
y el caolín del ocio pintando sus
posaderas.
Cuando se descubra el
enigma perdido
en el fondo del cofre de la verdad,
ambos serán muy viejos para volver
hacia atrás . . .

Hay un cuarto al rojo vivo,
y en el eco reberveran los suspiros,
entre sábanas de seda
dos cuerpos desnudos
en naval combate,
de océanos desconocidos
sudan por llegar al cenit,
de curvarse a la altura
del órgano afín,
sin mirarse a los ojos
todo culmina…

En un hogar desolado,
con paredes de cristal quebrado
un frío taciturno por las grietas
se ha colado,
dos imágenes
frente a frente
se han mirado demasiado,
el vergel de los sueños
se ha quedado olvidado,
se ha quedado dormido,
el verbo condiciado.

en el país donde hay letras
sobre la roca cincelada;
y por mañas se usa un antifaz
emergió una sílfides de un mar
inventado,
Bandolina en un pelo demasiado
alisado
enmarcando un rostro muy
planchado
uñas afiladas de hacer, no hacer,
vestidos de seda cubriendo los
contornos
de una triste figura que se niega a
envejecer,

mientras la alondra del tiempo vá
volando
con apausos cada arruga vacía vá
rellenando.

Con los ojos en los pies,
cavilando a oscuras, como penando
una imágen demasiado menuda,
uniforme de hojarasca,
una sombra de niebla,
sobre la faz de la tierra
Todos debaten
el principio Shakesperiano,
"Ser o No Ser"
cada vida acontece sin acontecer . . .

Poema a un preso

Más allá de los barrotes
que reflejan tu mirada,
más allá del torbellino
que entebrece tu destino
y del tórrido tormento que
hace huella en tu camino,
hundido en un océano infinito
en tu infierno de zozobras
él te espera...

Más allá de las luces de
quimera
que vendiste en la esquina,
de la sangre que vertiste
en la acera,
del violento puñetazo
que de la opresión te libera;
más allá de las pasiones
que te ciegan
El te espera...

Sumergido, en tus pasos
tambalea
y en tu sombra anda perdido
aveces en tu mirada
que húmeda se rebela;
o en la oración liberadora
que cansado promulgaste
en el lecho de tu celda,
como una tierna caricia

bajando por tus mejillas
El te espera...

Dentro de ti
cual marejada de mar en
calma
solidario ofreciendote su
hombro
como viga de soporte en los
escombros
y en esa mantilla gris
que entretejes resignado,
quisiera trocar el hilo
del color de la esperanza.

Más allá de las heridas
que llevas escondida en tu
alma
que te robo la sonrisa
cuando apenas
eras un niño,
de la noche más oscura
en la bóveda celeste de tu
vida
-que no miras-
El te espera...

ERASE UNA VEZ
Una niña del tercer mundo…

Erase una vez
en un castillo de arena
una niña con fantasía,
un par de ojos grandes;
y sus tesoros
eran collares de caracolas

Erase en una calle
llena de fango y basura,
llamada 'La Soledad",
pies descalzos,ropa ropa; y
andrajosa
persiguiendo mariposas
con hambre de amor
y de pan…

Erase al Cruzan El río,
silueta de cristal
a la par de la luna,
su quimera de libertad;
Y su fé lanza una proclama:
"algún día todo cambiará"

paso el tiempo

de arduo trabajo,
de rasgar su traje rosado;
y otro par de ojos grandes
con una carita sucia
a su amor se cobijaron.
Lagrimas y desengaños
cuando se quiebra la ilusión;
lagrimas de fracaso
de impotencia ante el destino

Erase una muchacha
bajo el farol
de una esquina,
en una calle del pueblo,
donde reposan los sueños
de los ebrios

labios rojo, poca ropa,
envolviendo un cuerpo
erguido.
Mientras espera un cliente
se esta muriendo
de frío . . .

EVANGELINE

Yo Trataba de buscar
una pista en la vida,
lloraba por una verdad
no vivida,
buscaba en un Cristo de cera,
caridad . . .

Una de esas noches
en que se opaca
con obscuridad
una alegría
que embriaga los sentidos,
que roba a la vida sensibilidad;
caminó andrajosa por la vereda

nadie supo quien ella era,
Un mirar apagado;
y sin sentido,
una queja callada en el camino
incrustada en
las llagas de su pena.

nadie supo de donde vino . . .
emergió de las sombras
sin saber su destino,
cabalga una estrella
en la noche de la gran ciudad,
sus pasos hacia el frente
siempre son hacia atrás.

Nadie supo porque vino
sin recuerdos,
ausente de una mano amiga

PARA QUIEN NUNCA EXISTIÓ
Para Jazmin

Dicen que solía mirar el mar,
quizás buscando sueños en las olas
y en las noches de oscuridad total,
buscaba estrellas de cristal…

Dicen que nunca sonrió,
que sólo sabía llorar…
que el tiempo su ilusión rasgó;
y nadie escuchó su voz cantar.

Dicen que no conoció el amor
que no sintió la passion;
y bajo su traje de encajes
sólo una niña existió.

Dicen que cuando murió
hubo noche de tormenta,
dicen que el cielo lloró
"Por la que nunca existió",
que su salmo fué el silencio.
Página a página del calendario,
su muerte se olvidó…

Dicen que un día un poeta,
le escribió unos versos
y un viento de invierno
se llevó el papel
dicen
que igual que su vida
se perdió . . .

SEÑOR, SI SE ENCENDIERAN LOS ASTROS
A las personas no videntes

Salió de los oscuros vericuetos,
con el impulso innato
del que creó la vida
buscando a tientas la abertura
para llorar un gozo de penumbra.

Fué acostumbrándose
a mirar con las manos,
a soñar con colores no creados
y como el ave que se aleja
en cada ocaso,
caminaba contando pasos.
A almacenar estrellas en el alma
a percibir perfumes de las flores
a ideas con rumores;
y construir ideas
con niebla y calma.

Fué cifrando su esperanza
en el cireneo de aluminio;
anque aveces fantasea
con la candidez de un niño:
"Si los astros se encendieran."
Pero no cree en el Dios que libera,
el que recoje lágrimas oscuras;

la súplica muere en la amargura
se ha dormido el grito de Gerasa;
aunque aveces fantasea
que el Nazareno le espera . . .

Se vuelve resignado
contando pasos
y se amolda a la ley de la vida.
¡Vuela el ave capturada!
Y en la risa una carcajada
que disfraza su rostro cansado
Indigente de luceros y estrellas

Sigue la brújula immantada
va grabando en la vida
su huella
encendiendo velas osciladas
cantado pasos
al final del camino consagrado
se apaga la mirada siempre
apagada,
y esta vez con fé acrisolada,
suspira una plegaria contestada:
"Señor, si se encendieran
Los astros

SE OXIDAN LOS SUEÑOS . .
Para los desabilitados en silla de ruedas

Siempre la misma ventana
el mismo cielo
y el mismo mar
y se conjuga el verbo
quietud total . . .

En tres voces
se escucha el vaivén
siempre igual
acompañado del chirrido
de las ruedas,
mientras en las noches
se reflejan las estrellas
en el brazo de hierro . . .

Siempre vá una gaviota
y acompaña su soledad ;
y al remontar su vuelo

implica un adios,
y un hasta luego . . .

Cada día muere
la esperanza
vencida la batalla:
-de levantar el alma
en su cuerpo sentado-

Internandose
en el mundo olvidado
donde todo
suele suceder,
ha cerrado los ojos
ante cada amanecer;
y cuando los abre
su sillón est á oxidado . . .

NUESTRO VIETNAM

Llegaste con un silencio
denigrante
con el sol quebrado en el mar
con lágrimas de redentor
enajenado;
y sobre tu corazón
empolvado,
una medalla de oro
que te regaló el Estado.

Llegaste . . .
y en tu regreso
un trueque doloroso:
dejaste tus piernas dormidas
bajo el manto del martir,
donde fue un acto litúrgico
suicidarte...

Llegaste para recordarme
que siempre te quedaste
entre los gritos,
en las trincheras,
en el cénit abalaceado
de aquella era . . .

Llegaste y con tu llegada
una victoria fracasada,
que quedó atrapada
en el círculo
de tus ruedas
siempre corriendo hacia atrás.

en un tiempo sin barreras,
en la vida que se aletarga
en el reflejo de tus brazos
de platino...

Llegaste . . .
para olvidarte
que fuimos uno
y contagiarme de tu locura
anhelando respirar tu agonía
y sudar tu sangre beligerante.

sin palabras,
en el mutismo de tu mirada
me gritabas: "Nuestro
Vietnam" . . .
Para hacer ecos de satirismo,
a una zarzuelo que proclamó
la libertad del gladiador.

para pintar en cada estrella
una cara de payaso
y crear con los listones
una celda,
donde quedó encarcelada
tu dignidad
y nuestros sueños
mientras bulle el viento

"Nuestro Vietnam"...

ENTONCES . . .
La resurreccion...

Cuando el escultor cincele
la dureza de la piedra
y sobre el lienzo de la vida
se plasme tu venida
volverá a nacer la fe perdida.

Cuando del abismo del alma
brote el llanto apagado
que divide el camino
y se fundan los pasos
hacia un mismo destino.
¡Entonces verán mis ojos
el Principio y el Final!

Cabalgando habrá un Quijote
que pregone su locura
y habrán muchos Sancho
Panzas
que le sigan.

Será entonces
cuando nuestra amargura
muera con la tarde
y descubra que mi hoguera
todavía arde . . .

Cuando las páginas de la
historia

borren Vietnam e Hiroshima
y el ángel del Apocalipsis
levante un grito de victoria,
entonces resurgirá el amor
en cada esquina.

Más allá del reloj

que marca las doce
y que recoje las lágrimas
de sudor y sangre,
más allá de la ofrenda
y del culto apagado
en la iglesia.

Entonces se borrará
de la Constitución
la falacia del aborto;
ni se coronarán
los crímenes a tración
con el emblema dorado
de la Nación

Unidos de la mano,
caminando
y al unísono un grito pidiendo:
¡paz!
Reverbera en la montaña de
la fé

que el fracaso vá escalando.
    Entonces

veremos tu retorno . . .

Te conocí una tarde
-a mi Puerto Rico '79-

Entonces era una niña,
con el ímpetu de la conquista
y sueños aventureros
bajo un esplendoroso cielo
y calor tropical

Reposando en la mantilla
De celestiales reflejos
Las olas te cantaban una nana.
Al toque de la flauta
De los coquíes
Quedé hipnotizada…

Tú, eras cuna de hierba
aninando en la immensidad azul
y yo entonces era sólo una
extranjera,
sin una idea de donde era,
ni que sangre corría por mis
venas...

Te descubrí en los discursos
de los patriotas fracasados
con sus quimeras
de boricuas liberados
que promulgaron con empeño
en las páginas de la historia

Te conocí mirando al crepúsculo
que se fundía en tus playas;
y en las pasiones nativas
que escondían tus palmeras.

En el grito beligerante
de los héroes de aquella era ,
que combatieron sin guerra
para hacer eco,
en los pasillos de la Escuela

Te conocí en el silencio
de mis lagrimas calladas
que se aferraron desesperadas
a la Santa Palabra,
El Sagrado pedazo de Pan;
Y al vino que redime al pecador

Te conocí Perdida
Entre velas e inciensos
rezando el Avemaría,
condenando un destino
que imponía destierro
en busqueda de mejoría…

Te conocí
pretendiendo alegría
en la despedida
sobrevolando cielos grisáceos
fundida en la lejanía…

Te conocí después en la
melancolía
Escondida entre mis rimas
Tratabas de pasar inadvertida
Y yo soñaba con volver a la islita

mía   entonces ya no era extranjera...

NANA PARA MARIA DEL MAR . . .

Duérmete niña mia,
duérmeteme yá,
que aunque nunca fuistes
tu siempre serás . . .

Duérmete niña mia,
En el misterio oculto
de un alma insondable,
trás la barreras
de un mundo
de bullicio y agonías
donde cada día ,
muere la tarde.

duérmete en la aurora de
mis esperanzas,
acompaña el valle
de mis soledades
que aunque
tú no existas cristalizada,
estás dormida
en una cuna idealizada,

duermete que con tu
sueño,hija mía,
despierta el canto instintivo
del ave pintada de azul,

que vuela más allá
donde no hay frontera
ni banderas,
donde no se vadean
ríos manchados de sangre.

Duérmete
y amamántate de mi calma;
dejame acompañar tu sollozo
ante el rostro de un niño
demasiado triste;
o acompañar tu sonrisa
que me recuerda la vida
y el amor que volverá . . .

Si alguna vez resientes
no ser,
sólo existir como sombra
sin figura ni forma,
recuerda que mucho más
que esencia desapercibida,
eres cristal rosado
de un alma vencida.

duérmete niña mia
duérmete yá,
que aunque nunca existas,

tu siempre serás . . .

REFLEJOS

Con el brillo cortante
y el sudor
que me hiela la sangre,
yo me alejo,
no hay cabida
para grandes sueños
ni esperanzas;
y en la mar,
que parece en calma,
se han teñido las olas
del color que me ahoga.

la mano que tiembla,
con el brillo cortante
que quema las venas
he mirado en reflejos
mi vida que se aleja . . .

Una lagrima surge;
y deshoja los recuerdos
he querido cantarle

una nana a la vida
y dejarla dormida.

De repente una voz
que clama en el viento:
"no es tu tiempo!"
El silencio ha gestado
consciencia.

En mi noche,
se enciende la aurora,
ha surgido un sendero
que me reclama;
y un deseo
de volver a empezar,
de tirar el cuchillo
en el suelo,
de borrar los reflejos
y olvidar . . .

Gracias

Cuando todos se fueron
y las ilusiones murieron,
Gracias por estar conmigo
dandome de tus fuerzas
en mi lecho de enferma

cuando mi barca navegaba
sin rumbo
y en el viento flotaba
mi vela

Gracias por ser mi muelle
siempre en espera;
por sembrar la esperanza
en un alma vencida

Gracias por tu sonrisa,
por escucharme sin prisa
Gracias porque tu hoguera
va encendiendo mi vida

por acudir al llamado
de este mi sueno cansado
que quizas sin saberlo,
fuera pecado perdonado

Gracias porque en el tic-tac
que marcan mis horas,
una gaviota renace
cada dia

por recordarme
que en tus brazos
soy una nina

y tranzar la amargura
por la eterna sonrisa

por la tierna caricia
en la inocente mirada,
por conocer el abrazo
de la madre sacrificada

por el amigo
de las sinceras palabras.
Gracias porque el desprecio
se quedo dormido
en el valle del olvido

Gracias por el sol
que alumbra cada manana
y el viento que se cuela
por la ventana

por las estrellas
que recuerdan
que aun titila
una esperanza

porque por una espina
conocere una rosa,
mas alla del profundo
sentido de las cosas…

Gracias por olvidarte
que sin querer te olvide,
gracias por recordarte;
que tambien te recordé

ARLEQUÍN

Con la cara maquillada;
y el vestido de bufón
fui la oda que cantó
en el soneto de tus versos.
Como náyade cuidé
la siesta de tus galeotes

soy aquella que iluminó
mis astros,
con tus estrellas,
la que naufragó ilusiones
en tus lagrimas
y encontró su única conquista
en tu sonrisa.

Hoy, me llevo por morral
todos mis sueños,
y me atrevo a ser
alondra liberada,
eclipsando
en mis desvelos tu agonía
para trepar hasta la luna
y llorar . . .

CAMINANTE
" El camino lo haces al andar…"

Sombra de un sueño que
llora,
cristal de lágrima oculta
barca que el delirio del mar
añora,
dondequiera que vayas
el destino te busca.

Sidharta condenado por el río,
que a pesar del viejo pellejo
renace,
fuerza que aprisiona el tiempo
ido
y no quiere caminar sobre el
dolor que nace.

Estás marcado por la huella
caminante
a ser sobre bóveda del
mundo
estrella distante,
entre el tiempo y el silencio,
incógnita inquietante
melodía extraña que se
escuchó ayer,
y suena adelante.

Camino que se pierde, senda
flotante,
no tapes tus oídos al llamado
del poéma
que pierde su sentido en
medio de las penas
no traces ya tus metas,
pués has sido trovador
desde antes.

No te aferres a ser manada,
que corre en las praderas
sobre muertos pensamientos;
eres gaviota sobre el mar de
la nada,
ideal o locura, pasión o
sentimiento.

Poesía inadvertida que en el
silencio trova
¿Acaso es tu delirio fuente de
amargura?
no pierdas en la noche tu
locura
a dondequiera que vayas el
destino te busca

SERÁ MUY TARDE YÁ

Te estrañé sentada
a la vera del camino,
pues en cada retorno
noté tu ausencia.
El tuétano se inmutó
cuando te soñé
ajustado a mis caderas
y desperté vacía
de tu presencia;
cuando se rompió
en la quimera
mi deseo de armiño.

Será muy tarde yá,
para la oscura noche
que se acerca,
ya el crepúsculo
ha sido vencido
tras el velo de tristeza
que escondía la nostalgia.
Un viento helado
ha cerrado de súbito,
la puerta que te esperó
y sin más preámbulo
el tiempo indefinido terminó.

Cuando vuelvas
cansado de soñarme
cual sífides inerte de tus
actos,
creerás que todavía duermo
en ese sueño
de convocar
galaxias de cristales.

¡Vuelve tus pasos a la
calzada
con el hálito tranquilo!
quiero que tu retorno
te trueque
en truhán redimido

Será muy tarde yá
para la entrega,
para danzar desquiciada
al són de tus anhelos,
para que la crisálida
que inquieta mis entrañas
emerja hasta el vergel
olvidado
Me abajaré al cenit
de tu mirada:
"No quiero volver a tí",
te quedarás dormido
tras la puerta del olvido . . .

NO ME OLVIDES

Aunque nunca vuelvas
y en el silencio del tiempo
con el crepúsculo duermas,
aunque se pierda
el crujido del retorno
en la hierba . . .
congelado en el recuerdo
cada noche;
y en la madrugada.

No me olvides,
aunque se apague
el brillo de tu mirada
y las hojas de otoño
invadan la acera,
en el eterno alpiste
que alimentan tus gaviotas
y en el deceso
de tu sombrio lecho

No me olvides,
cuando despiertes
con el sonido del viento,
cuando levantes resucitado
tu cuerpo aletargado;
Y en tu camino
brille una estrella
que a mi destino
te encaminara . . .